Bayrische Küche

einfach himmlisch!

Bayrische Küche

einfach himmlisch!

EDITION XXL

Vorwort

„Es gibt nichts Besseres als etwas Gutes."

So war und ist eine regionale Küche immer einfach und gut, doch die Bayrische Küche ist auch noch himmlisch gut dazu, denn „Essen hält Leib und Seele zusammen", wie man hier bei uns so schön sagt.

Denkt man an Bayern, fallen einem kulinarisch gesehen gleich Schweinsbraten, Hax'n, Knödel oder Schmarr'n ein. Doch gibt es auch hier viele unterschiedliche Regionen, deren Küchen so manches Schmankerl zu bieten haben: im Norden von den Franken über die Schwaben, die Allgäuer, die Niederbayern bis hin zu den Oberbayern. Und aus dem Süden und Osten kommen noch zusätzliche Einflüsse durch die angrenzenden Nachbarländer.

Dieses Buch soll Ihnen mit seinen unkomplizierten, traditionellen Rezeptvorschlägen Anregungen dazu geben, vielleicht das eine oder das andere Gericht auszuprobieren. Mit einfachen Zutaten, die Sie überall bekommen, macht das Nachkochen noch mehr Spaß. Nehmen Sie sich etwas Zeit, und Ihnen gelingen die himmlischsten bayrischen Speisen.

Sie, Ihre Familie und Ihre Gäste werden von den kulinarischen Genüssen begeistert sein!

Ihr Küchenmeister
G. Schweizer

Inhalt

Bayrische Ausdrücke

Auszog'ne	Schmalznudeln
Beize	Marinade zum Einlegen
Bratenreine	Bräter
Brez'n	Laugenbrezel
Fleischpflanzerl	Frikadellen
Gselchtes	geräucherter Schinken
Haferl Kaffee	große Tasse Kaffee
Kren	Meerrettich
a Maß Bier	1 Liter Bier
Obatzda	angemachter Käse
Radi	Rettich
Regensburger Würste	dicke Brühwürste
Reiberdatschi	Kartoffelpuffer
Schmankerl	Leckerbissen
Schwammerl	Pilze
Semmel	Brötchen
Surhax'l	gekochtes Eisbein
Wammerl	Bauchspeck

Leberknödelsupp'n

Zutaten:

(für 4 Personen)

3 altbackene Semmeln
100 ml Milch
1 Zwiebel
½ Knoblauchzehe
20 g Butter
200 g Rinderleber (vom Metzger durch den Fleischwolf gedreht)
1 Ei
Salz, Pfeffer
geriebene Muskatnuss
abgeriebene Zitronenschale
1–2 TL Majoran
½ Bund Petersilie
1 l Fleischbrühe
etwas Schnittlauch

Zubereitung:

1. Die Semmeln in Würfel schneiden, in eine Schüssel geben und beiseite stellen.

2. Die Zwiebel sowie den Knoblauch schälen und würfeln. Die Butter in einer Pfanne erhitzen und beides kurz anschwitzen. Die Milch etwas erwärmen und alles über die Semmelwürfel geben, kurz durchziehen lassen.

3. Die durchgedrehte Leber und das Ei zur Semmelmasse geben, mit Salz, Pfeffer, Muskat und etwas Zitronenschale pikant abschmecken. Die Petersilie waschen, trockenschütteln, fein hacken und mit Majoran ebenfalls zur Knödelmasse geben. Alle Zutaten gut miteinander verkneten und 20 Minuten ruhen lassen.

4. Die Fleischbrühe erhitzen, von der Knödelmasse Portionen abstechen und mit feuchten Händen zu Knödeln formen. Die Knödel zur Fleischbrühe geben und leise siedend 20 Minuten garen.

5. Den Schnittlauch waschen und trockenschütteln. Die Suppe in eine Terrine füllen oder in Teller verteilen und mit dem Schnittlauch garniert servieren.

Knödelbrot gibt es bereits fertig geschnitten und in Beuteln abgepackt zu kaufen.

Zubereitung:

1. Die weiche Butter in einer Schüssel schaumig rühren, den Grieß, das Ei sowie das Eigelb hinzufügen und alles gut verrühren. Mit Salz, Pfeffer und Muskat würzen. Die Masse für geraume Zeit beiseite stellen und quellen lassen.

2. Den Schnittlauch und die Petersilie waschen, trockenschütteln und in feine Röllchen schneiden bzw. fein hacken. Die Fleischbrühe in einem Topf mit Deckel erhitzen.

3. Mithilfe von zwei Esslöffeln aus der Grießmasse Nockerl formen und in die leicht siedende Fleischbrühe geben. Bei geschlossenem Deckel – dadurch gehen sie besonders schön auf – die Grießnockerl ca. 20 Minuten garen.

4. Die Suppe in Teller verteilen und mit den Schnittlauchröllchen sowie der gehackten Petersilie bestreut servieren. Nach Wunsch mit einem Petersilienblatt garnieren.

Zutaten:
(für 4 Personen)

60 g weiche Butter
80 g Hartweizengrieß
1 Ei
1 Eigelb
Salz, Pfeffer
geriebene Muskatnuss
1 l Fleischbrühe
½ Bund Schnittlauch
½ Bund glatte Petersilie

Es gibt speziellen Nockerlgrieß zu kaufen. Der Vorteil daran ist, dass dieser nicht quellen muss.

Grießnockerlsuppe

Bei dieser leicht sämigen, sättigenden und gesunden Suppe handelt es sich um ein historisches Gericht, das seinerzeit vom Grafen Rumford an die armen Leute in München kostenlos verteilt wurde.

Rumfordsuppe

Zutaten:
(für 4 Personen)

80 g Karotten
80 g Knollensellerie
80 g gefrorene Erbsen
160 g Kartoffeln
50 g Perlgraupen
50 g Wammerl, geräuchert
1 Zwiebel
1 EL Kartoffelstärke
1 l Fleischbrühe
Salz, Pfeffer
geriebene Muskatnuss
1–2 Lauchblätter

Zubereitung:

1. Die Karotten, den Sellerie und die Kartoffeln putzen, schälen und waschen. Danach alles in kleine Würfel schneiden. Die Zwiebel schälen und zusammen mit dem Wammerl ebenfalls würfeln.

2. Die Wammerlwürfel in einem Topf auslassen, die Zwiebel darin anschwitzen, das vorbereitete Gemüse, die Erbsen und die Graupen dazugeben und kurz andünsten. Mit der Fleischbrühe aufgießen und 20 Minuten bei milder Hitze köcheln lassen. Ab und zu umrühren.

3. Die Kartoffelstärke mit etwas kaltem Wasser anrühren und unter Rühren in die Suppe geben, kurz aufkochen lassen und mit Salz, Pfeffer und Muskat pikant abschmecken.

4. Die Lauchblätter putzen, waschen und in feine Streifen schneiden. Die Suppe in Teller verteilen und mit den Lauchstreifen bestreut servieren.

Deftige Supp'n

Zubereitung:

1. Die Kartoffeln, die Karotten und den Sellerie putzen, schälen, waschen und in kleine Würfel schneiden. Die Zwiebel schälen und zusammen mit dem Wammerl ebenfalls würfeln. Die Würstl in Scheiben schneiden.

2. Die Butter in einem Topf erhitzen und die Zwiebel darin anschwitzen. Das vorbereitete Gemüse dazugeben, kurz andünsten und mit der Fleischbrühe aufgießen. Alles ca. 20 Minuten bei milder Hitze garen.

3. Nach Ablauf der Garzeit das weiche Gemüse mit einem Kartoffelstampfer zerdrücken, mit Salz, Pfeffer, Muskat und Majoran abschmecken.

4. Die Wammerlwürfel in einer Pfanne auslassen, zusammen mit den Würstlscheiben kurz anschwitzen und zur Suppe geben. Den Schnittlauch waschen, trockenschütteln und in feine Röllchen schneiden. Die Suppe in Teller verteilen und mit den Schnittlauchröllchen bestreut servieren.

Zutaten:
(für 4 Personen)

300 g mehlig kochende Kartoffeln
50 g Karotten
50 g Knollensellerie
1 Zwiebel
20 g Butter
100 g geräuchertes Wammerl
4 Schweine- oder Käsewürstl
1 l Fleischbrühe
Salz, Pfeffer
geriebene Muskatnuss
1–2 TL Majoran
1 Bund Schnittlauch

Kartoffelsuppe mit Speck und Würstl

Schwammerlsupp'n

Zutaten:

(für 4 Personen)

250 g gemischte Schwammerl
1 Zwiebel
1 Knoblauchzehe
40 g Butter
60 g Mehl
1 l Geflügelbrühe
125 ml süße Sahne
Salz, Pfeffer
geriebene Muskatnuss
etwas Zitronensaft
½ Bund Petersilie

Zubereitung:

1. Die Schwammerl putzen und in kleine Stücke schneiden. Ein bis zwei Schwammerl in Scheiben schneiden und für die Dekoration beiseite stellen. Die Zwiebel und den Knoblauch schälen und fein hacken.

2. Die Butter in einem Topf erhitzen und die Zwiebel darin anschwitzen. Den Knoblauch und die Schwammerl dazugeben, kurz anschwitzen und mit dem Mehl bestäuben.

3. Die Geflügelbrühe dazugießen und das Ganze einige Minuten leicht köcheln lassen. Mit Salz, Pfeffer, Muskat und Zitronensaft abschmecken. Zum Schluss mit der Sahne verfeinern. Die Petersilie waschen, trockenschütteln und fein hacken, vor dem Servieren über die Suppe streuen und diese mit Schwammerlscheiben garnieren.

Zutaten:
(für 4 Personen)

3 altbackene Semmeln
½ Zwiebel
100 g geräuchertes Wammerl
200 ml Milch
1 Ei
Salz, Pfeffer
geriebene Muskatnuss
½ Bund Petersilie
1 Bund Schnittlauch
1 l Fleischbrühe

Zubereitung:

1. Die Semmeln in Würfel schneiden, in eine Schüssel geben und beiseite stellen. Die Zwiebel schälen und zusammen mit dem Wammerl ebenfalls würfeln.

2. Die Wammerlwürfel in einem Topf auslassen, die Zwiebel darin anschwitzen. Die Milch etwas erwärmen und alles über die Semmelwürfel geben, kurz durchziehen lassen.

3. Das Ei zur Semmelmasse geben, mit Salz, Pfeffer und Muskat pikant abschmecken. Die Petersilie waschen, trockenschütteln, fein hacken und ebenfalls zur Knödelmasse geben. Alle Zutaten gut miteinander verkneten und 20 Minuten ruhen lassen.

4. Die Fleischbrühe erhitzen, von der Knödelmasse kleine Portionen abstechen und mit feuchten Händen zu Knödeln formen. Die Speckknödel zur Fleischbrühe geben und leise siedend 20 Minuten garen. Den Schnittlauch waschen, trockenschütteln und vor dem Servieren in Röllchen geschnitten über die Suppe streuen.

Speckknödel in der Brühe

Brotzeiten zu jeder Tageszeit

Bayrischer Brotzeitteller mit Radi

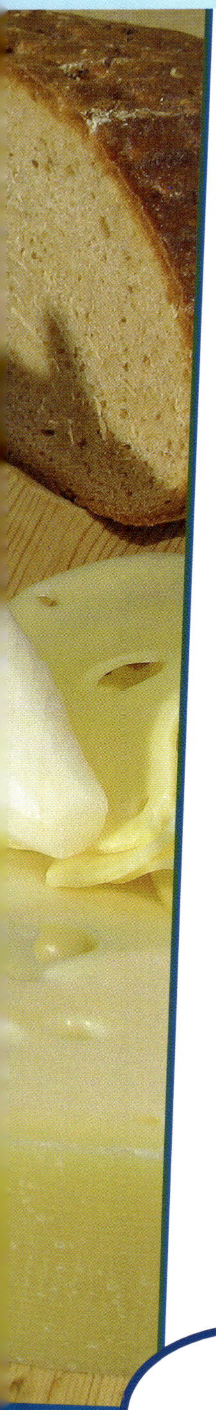

Zutaten:

(für 4 Personen)

2 Regensburger Würste (ersatzweise auch Leberkäs)
4 Scheiben weißer und roter Presssack
4 Scheiben würziger Bergkäse
4 Scheiben Gselchtes
2 Landjäger

Für die Garnitur:
Salatblätter
Salatgurke
Tomaten
Radi
2 hart gekochte Eier

Zubereitung:

1. Von den Regensburger Würsten die Haut abziehen und die Würste in Scheiben schneiden. Zusammen mit dem Presssack, dem Bergkäse, den Landjägern und dem Gselchten auf einem rustikalen Holzbrett anrichten.

2. Den Radi schälen und in Scheiben oder schräg zu einer langen „Ziehharmonika" schneiden. Dafür den Radi von einer Seite mehrmals zu ⅔ einschneiden, herumdrehen und von der anderen Seite wiederum zu ⅔ in den Zwischenräumen einschneiden. Wie bei einem Reißverschluss gehen die Schnitte ineinander über und so lässt sich der Radi auseinander ziehen.

3. Den Radi auf einen Teller legen und gut salzen, dabei wird er Wasser ziehen und zum Essen etwas milder.

4. Die übrigen Zutaten für die Garnitur waschen. Die Gurke in Scheiben und die Eier in Viertel schneiden. Alles zusammen mit den Salatblättern, den Tomaten und dem Radi dekorativ auf dem Brett anrichten.

Anstelle des Radi können auch Radieschen verwendet werden. Typisch ist und bleibt jedoch der weiße Stangenradi.

Brotzeiten zu jeder Tageszeit

Zutaten:

(für 4 Personen)

500 g Regensburger Würste
(ersatzweise auch Lyoner)
1 rote Zwiebel
2 Essiggurken
2 EL Essig
4 EL Pflanzenöl
Salz, Pfeffer

Für die Garnitur:
2 hart gekochte Eier
gemischte Salatblätter
8 Cocktailtomaten
½ Bund Schnittlauch

Zubereitung:

1. Von den Würsten die Haut abziehen und die Würste in dünne Scheiben schneiden. Die Zwiebel schälen und in Ringe, die Essiggurken in dünne Scheiben oder Streifen schneiden. Alle Zutaten in eine Schüssel geben.

2. Aus Essig, Öl, Salz, Pfeffer und etwas Wasser eine Vinaigrette rühren, über den Wurstsalat gießen und alles gut miteinander vermischen. Den Salat mindestens 30 Minuten durchziehen lassen.

3. Die Salatblätter und die Tomaten waschen. Den Schnittlauch waschen, trockenschütteln und in feine Röllchen schneiden. Die Eier vierteln.

4. Die Teller mit den Salatblättern auslegen und den Wurstsalat darauf anrichten, mit Tomaten und Ei garnieren und vor dem Servieren mit Schnittlauchröllchen bestreuen.

Selbstverständlich darf hier eine Maß Bier nicht fehlen.

Regensburger Wurstsalat

Brotzeiten zu jeder Tageszeit

Saure Knödel

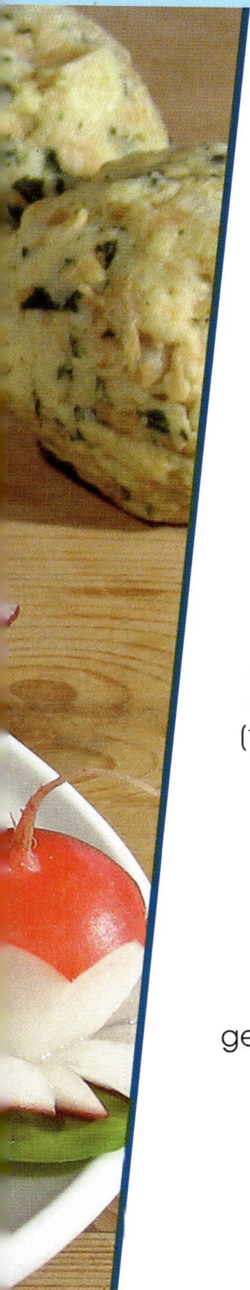

Zubereitung:

1. Die Semmeln in Würfel schneiden und in eine Schüssel geben. Die Zwiebel schälen und fein hacken. Die Butter in einer Pfanne erhitzen und die Zwiebel darin kurz anschwitzen. Die Milch etwas erwärmen und alles über die Semmelwürfel geben, kurz durchziehen lassen.

2. Die Eier zur Semmelmasse geben, mit Salz, Pfeffer und Muskat pikant abschmecken. Die Petersilie waschen, trockenschütteln, fein hacken und ebenfalls zur Knödelmasse geben. Alle Zutaten gut miteinander verkneten und 15 Minuten ruhen lassen.

3. Aus dem Semmelteig Knödel formen und in reichlich siedendem Salzwasser ca. 20 Minuten gar ziehen lassen. Auf einen Teller geben und erkalten lassen. (Für dieses Rezept eignen sich auch Knödel vom Vortag.)

4. Die kalten Knödel halbieren, vierteln und in Scheiben schneiden. Die Salatgurke waschen, der Länge nach vierteln und in Scheiben schneiden. Die rote Zwiebel schälen, die Radieschen putzen, waschen und beides in Ringe bzw. Scheiben schneiden. Alles über die Knödel geben.

5. Den Schnittlauch waschen, trockenschütteln und in feine Röllchen schneiden. Aus Essig, Öl, Salz, Pfeffer und etwas Wasser eine Vinaigrette rühren und über die Knödel gießen. Gut durchziehen lassen.

6. Die sauren Knödel auf einer Platte mit Feldsalat und hart gekochten Eiern anrichten. Mit geschnitzten Radieschen garniert servieren.

Zutaten:
(für 4 Personen)

8 Semmeln
½ l Milch
1 Zwiebel
20 g Butter
3 Eier
Salz, Pfeffer
geriebene Muskatnuss
½ Bund Petersilie
½ Salatgurke
8 Radieschen
100 g Feldsalat
4 hart gekochte Eier
1 rote Zwiebel
Essig, Pflanzenöl
½ Bund Schnittlauch

Falls die Knödelmasse einmal zu weich sein sollte, geben Sie einfach Semmelbrösel dazu.

Zutaten:
(für 4 Personen)

300 g reifer Camembert
80 g weiche Butter
80 g Quark
1 Zwiebel
Salz, Pfeffer
ganzer Kümmel
Paprikapulver
2 EL Bier
½ Bund Petersilie

Für die Garnitur:
verschiedene Salatblätter
Cocktailtomaten
1 kleine rote Zwiebel
Radieschen

Zubereitung:

1. Den Camembert in grobe Stücke schneiden und zusammen mit der Butter in eine Schüssel geben. Mithilfe einer Gabel beides zu einem sämigen Brei zerdrücken.

2. Die Zwiebel schälen und fein würfeln. Die Petersilie waschen, trockenschütteln und fein hacken. Zusammen mit dem Quark zur Käsemasse geben und mit Salz, Pfeffer, Kümmel, Paprikapulver und Bier pikant abschmecken.

3. Die Salatblätter putzen und waschen, die Tomaten waschen und halbieren. Die Zwiebel schälen und in dünne Ringe schneiden. Alles auf einer Platte anrichten.

4. Von dem Obatzten mit einem Esslöffel Nocken abstechen und auf den Salatblättern anrichten. Zum Schluss mit einem geschnitzten Radieschen dekorieren.

Obatzter im Salatbett

Dazu isst man eine frische
Brez'n oder Bauernbrot.

Fingernudeln mit Kümmelkraut

Zutaten:

(für 4 Personen)

1 kg Kartoffeln
1 kg Weißkraut
150–200 g Mehl
2 Eier
120 g Butterschmalz
1 Zwiebel
2 EL Zucker
2 EL Apfelmus
2 EL Essig
¼ l Gemüsebrühe
Salz, Pfeffer
1 Lorbeerblatt
2 TL Kümmel

Zubereitung:

1. Die Kartoffeln in der Schale kochen, abgießen, pellen und noch heiß durch eine Presse drücken. Das Mehl, die Eier und etwas Salz dazugeben, gut verkneten und einige Zeit ruhen lassen.

2. Das Weißkraut putzen und in ca. 2 cm breite Streifen schneiden. Die Zwiebel schälen und fein würfeln. In einem großen Topf 40 g Butterschmalz erhitzen und die Weißkrautstreifen mit Zwiebelwürfeln und Zucker anschwitzen. Mit Salz und Pfeffer würzen, das Lorbeerblatt und den Kümmel dazugeben und mit der Brühe ablöschen. Alles ca. 15 bis 20 Minuten leicht köcheln lassen, dabei öfters umrühren.

3. In der Zwischenzeit den Kartoffelteig zu zeigefingergroßen „Nudeln" rollen, dabei die Enden spitz zulaufen lassen. In einer Pfanne das restliche Butterschmalz erhitzen und die Fingernudeln darin von allen Seiten goldgelb braten.

4. Vor dem Servieren das Weißkraut noch mit einem Schuss Essig und dem Apfelmus abschmecken. Zusammen mit den Fingernudeln auf Tellern anrichten.

Wer möchte, kann dem Weißkraut mit einer roh geriebenen Kartoffel kurz vor Ende der Garzeit noch etwas mehr Bindung verleihen.

Zutaten:
(für 4 Personen)

600 g gemischte Schwammerl
8 Brez'n vom Vortag
250 ml Milch
3 Eier
2 Zwiebeln
1 Knoblauchzehe
60 g Butter
125 ml Gemüsebrühe
125 ml süße Sahne
Salz, Pfeffer
Zitronensaft
geriebene Muskatnuss
½ Bund Petersilie
½ Bund Schnittlauch
1 Frühlingszwiebel
2 EL Speisestärke

Zubereitung:

1. Die Brez'n in Stücke schneiden und in eine Schüssel geben. Eine Zwiebel schälen, grob schneiden, in 20 g Butter anschwitzen und mit der erwärmten Milch zu den Brez'nstücken geben. Die Petersilie waschen, trockenschütteln und fein hacken. Die Hälfte davon der Knödelmasse hinzufügen. Die Eier ebenfalls dazugeben und mit Salz, Pfeffer und Muskat abschmecken.

2. Alles gut miteinander vermischen, ca. 15 Minuten ruhen lassen. Danach zu Knödeln formen und in reichlich siedendem Salzwasser in 20 Minuten gar ziehen lassen.

3. Die Schwammerl putzen und in Scheiben schneiden bzw. kleine Schwammerl vierteln. Die zweite Zwiebel sowie den Knoblauch schälen und fein würfeln. In einem großen Topf die restliche Butter erhitzen, die Zwiebel- und Knoblauchwürfel darin anschwitzen. Die Schwammerl dazugeben und mit Brühe sowie Sahne aufgießen. Alles ca. 10 bis 15 Minuten bei milder Hitze garen. Mit Salz, Pfeffer und Zitronensaft abschmecken.

4. Die Speisestärke mit etwas kaltem Wasser anrühren und die Schwammerl damit binden. Die Knödel mit den Rahmschwammerl auf Tellern anrichten, den Schnittlauch und die Frühlingszwiebel waschen, trockenschütteln, in Röllchen schneiden und vor dem Servieren darüber streuen.

Schwammerl nur waschen, wenn sie stark verschmutzt sind. Das Aroma ist viel intensiver, wenn man diese nur mit einem Bürstchen putzt.

Rahmschwammerl mit Brez'nknödeln

Sauerkrautstrudel auf Schnittlauchsoße

Zutaten:
(für 4 Personen)

500 g TK-Blätterteig
500 g Sauerkraut
150 g geräuchertes Wammerl
Salz, Pfeffer
etwas Zucker
2 TL Kümmel
1 Lorbeerblatt
geriebene Muskatnuss
etwas Zitronensaft
2 Kartoffeln
40 g Semmelbrösel
200 g Sauerrahm
1 Eigelb
etwas Milch
1 Zwiebel
40 g Butter
50 g Mehl
½ l Gemüsebrühe
125 ml süße Sahne
1 Bund Schnittlauch

Zubereitung:

1. Das Sauerkraut mit dem Wammerl, Salz, Pfeffer, Zucker, Kümmel sowie dem Lorbeerblatt in ½ l Wasser ca. 1 Stunde garen. 10 Minuten vor Ablauf der Garzeit die Kartoffeln schälen, waschen und roh in das Sauerkraut reiben, um es zu binden. Das Wammerl herausnehmen und in Würfel schneiden. Alles gut auskühlen lassen.

2. Das Eigelb mit etwas Milch verquirlen. Den Blätterteig auf 40 x 40 cm Größe ausrollen und mit den Semmelbröseln bestreuen. Das Sauerkraut, die Wammerlwürfel und den Sauerrahm auf dem Teig verteilen und zu einem Strudel aufrollen, dabei die Enden nach innen klappen. Auf ein mit Backpapier belegtes Blech legen und mit der Eigelbmischung bepinseln.

3. Den Backofen auf 200° C, Heißluft 180° C, Gas Stufe 3 vorheizen. Den Strudel mit einer Gabel mehrmals einstechen und auf der mittleren Schiene ca. 30 Minuten backen.

4. Die Zwiebel schälen und in Würfel schneiden. Die Butter in einem Topf erhitzen und die Zwiebel darin anschwitzen, das Mehl dazugeben, unter Rühren mit der Brühe sowie der Sahne aufgießen und ca. 10 Minuten köcheln lassen. Mit Salz, Pfeffer, Muskat und Zitronensaft abschmecken.

5. Den Schnittlauch waschen, trockenschütteln und in feine Röllchen schneiden. Die Soße auf Teller geben, den Strudel in breite Stücke schneiden, auf der Soße anrichten und mit Schnittlauch bestreut servieren.

Wenn man das Wammerl weglässt, hat man im Handumdrehen ein wunderbares vegetarisches Schmankerl.

Zutaten:

(für 4 Personen)

1 kg Weißkraut
140 g Butterschmalz
2 Zwiebeln
2 EL Zucker
2 EL Apfelmus
2 EL Essig
½ l Gemüsebrühe
Salz, Pfeffer
geriebene Muskatnuss
2 TL Kümmel
1 Lorbeerblatt
8 Semmeln
250 ml Milch
3 Eier
150 g geriebener Bergkäse
½ Bund Petersilie

Zubereitung:

1. Das Weißkraut putzen und in ca. 2 cm breite Streifen schneiden. Eine Zwiebel schälen und fein würfeln. In einem großen Topf 40 g Butterschmalz erhitzen und die Weißkrautstreifen mit Zwiebelwürfeln und Zucker anschwitzen. Mit Salz und Pfeffer würzen, das Lorbeerblatt und den Kümmel dazugeben und mit der Brühe ablöschen. Alles ca. 15 bis 20 Minuten leicht köcheln lassen, dabei öfters umrühren. Das Kraut zum Schluss noch mit Apfelmus und Essig abschmecken.

2. Die Semmeln in Würfel schneiden und in eine Schüssel geben. Die zweite Zwiebel schälen und fein würfeln. Etwas Butterschmalz in einer Pfanne erhitzen und die Zwiebelwürfel darin anschwitzen. Zusammen mit der erwärmten Milch, den Eiern sowie dem Käse zu den Semmelwürfeln geben und alles miteinander verkneten. Mit Salz, Pfeffer und Muskat abschmecken. Die Petersilie waschen, trockenschütteln, fein hacken und ebenfalls hinzufügen.

3. Mit feuchten Händen große Nocken formen und im heißen Butterschmalz von allen Seiten goldgelb braten.

4. Das Bayrisch Kraut mit den Kasnocken auf Tellern anrichten und mit Petersiliensträußchen garnieren.

Anstelle von Bayrisch Kraut schmeckt auch ein frischer grüner Salat zu den Kasnocken.

Bayrisch Kraut mit Kasnocken

Schweinshaxe mit Semmelknödeln

Zubereitung:

1. Die Schwarte der Hax'n mit einem scharfen Messer rautenförmig einschneiden und mit Salz, Pfeffer und Kümmel gut einreiben.

2. Das Wurzelgemüse putzen, waschen und in Würfel schneiden. Zwei Zwiebeln mit der Schale grob zerteilen, den Knoblauch schälen und alles in eine Bratenreine geben. Die Hax'n darauf setzen und mit ½ l Wasser aufgießen.

3. Den Backofen auf 200° C, Heißluft 180° C, Gas Stufe 3 vorheizen und die Hax'n ca. 2 bis 2 ½ Stunden garen, dabei immer wieder mit dem Bratensaft begießen. Kurz vor Ende der Garzeit die Hax'n aus der Reine nehmen und auf dem Rost bei 250° C und offener Backofentür 5 bis 10 Minuten knusprig bräunen.

4. Den Bratensatz in der Reine mit etwas Wasser lösen, alles durch ein Sieb passieren, nochmals abschmecken und etwas einkochen lassen.

5. Die Semmeln in Würfel schneiden und in eine Schüssel geben. Die Zwiebel schälen, fein würfeln und in der Butter anschwitzen. Die Petersilie waschen, trockenschütteln und fein hacken. Alles zusammen mit der Milch und den Eiern zu den Semmeln geben, mit Salz, Pfeffer sowie Muskat abschmecken und ca. 15 Minuten ruhen lassen. Danach zu Knödeln formen und diese in reichlich siedendem Salzwasser in 20 Minuten gar ziehen lassen.

6. Die Hax'n mit Semmelknödeln und Soße auf einer Platte oder auf Teller verteilt anrichten.

Zutaten:

(für 4 Personen)

2 hintere Schweinshaxen
Salz, Pfeffer
2 TL Kümmel
geriebene Muskatnuss
1 Knoblauchzehe
3 Zwiebeln
2 Möhren
1 kleine Sellerieknolle
8 altbackene Semmeln
20 g Butter
½ l warme Milch
3 Eier
½ Bund Petersilie

Beim Braten die Hax'n zwischendurch mit etwas Bier übergießen, das ergibt eine knusprige Schwarte und auch eine würzige Soße.

Zutaten:
(für 4 Personen)

ca. 1,2–1,5 kg Spanferkelrollbraten (vom Metzger vorbereiten lassen)
Salz, Pfeffer
2 TL Kümmel
3 Zwiebeln
1 Knoblauchzehe
2 Möhren
1 kleine Sellerieknolle
¼ l dunkles Bier
1 kg Blaukraut
1 EL Butterschmalz
1 EL Zucker
1 Apfel
½ l Gemüsebrühe
1 Msp. gemahlene Nelken
1 Lorbeerblatt
1 Msp. Zimt
1 EL Speisestärke

Zubereitung:

1. Den Rollbraten mit Salz, Pfeffer und Kümmel würzen, in eine Bratenreine geben und mit ½ l Wasser aufgießen. Im vorgeheizten Backofen bei 180° C, Heißluft 150° C, Gas Stufe 2 ca. 1 ½ Stunden garen.

2. In der Zwischenzeit die Möhren und den Sellerie putzen, waschen und in Würfel schneiden. Zwei Zwiebeln mit der Schale grob zerteilen, den Knoblauch schälen und würfeln. Alles zusammen nach Ablauf der Zeit hinzufügen und weitere 1 ½ Stunden garen, dabei öfters mit Bratensaft und Bier übergießen.

3. Das Blaukraut putzen und in feine Streifen schneiden oder hobeln. Die Zwiebel schälen und fein würfeln. Das Butterschmalz erhitzen und die Zwiebelwürfel mit Zucker darin anschwitzen, das Kraut und das Lorbeerblatt dazugeben, kurz andünsten und mit der Brühe aufgießen. Ca. 30 Minuten köcheln lassen, dabei öfters umrühren.

4. 10 Minuten vor Ablauf der Garzeit mit Salz, Pfeffer, Nelken und Zimt abschmecken. Den Apfel schälen, vom Kerngehäuse befreien und in das Kraut reiben. Die Speisestärke mit etwas kaltem Wasser anrühren und das Blaukraut damit abbinden.

5. Den Rollbraten aus dem Ofen nehmen, bei 250° C und offener Backofentür auf dem Rost 5 bis 10 Minuten knusprig bräunen. Den Bratensatz in der Reine mit etwas Wasser lösen, alles durch ein Sieb passieren, nochmals abschmecken und etwas einkochen lassen. Den Rollbraten in Scheiben geschnitten mit dem Blaukraut auf Tellern anrichten, mit Kartoffel- oder Semmelknödeln und Soße servieren.

Wenn von der Soße etwas übrig bleibt, diese portionsweise einfrieren und nach Bedarf für andere Gerichte weiterverwenden.

Spanferkelrollbraten mit Blaukraut

Fleischpflanzerl mit Kartoffelsalat

Zutaten:
(für 4 Personen)

600 g gemischtes Hackfleisch
1 altbackene Semmel
2 Eier
2 Zwiebeln
½ Knoblauchzehe
Salz, Pfeffer
geriebene Muskatnuss
1 Bund Petersilie
1 TL Majoran
½ TL Paprikapulver
40 g Butterschmalz
1 kg Salatkartoffeln
Essig, Pflanzenöl
ca. ¼ l Gemüsebrühe

Zubereitung:

1. Die Kartoffeln in der Schale kochen, pellen und noch warm in Scheiben schneiden. Die Zwiebeln und den Knoblauch schälen und fein würfeln. Die Petersilie waschen, trockenschütteln und fein hacken.

2. Aus der warmen Gemüsebrühe, Salz, Pfeffer, Essig und Öl sowie der Hälfte von Zwiebelwürfeln und Petersilie eine Vinaigrette rühren und über die Kartoffelscheiben geben. Alles vermischen und gut durchziehen lassen.

3. Die Semmel einige Minuten in warmem Wasser einweichen und gut ausdrücken.

4. Das Hackfleisch, die Eier und die Semmel in eine Schüssel geben. In 2 TL erhitztem Butterschmalz die Knoblauchwürfel und die restlichen Zwiebelwürfel anschwitzen und dem Hackfleisch hinzufügen. Mit Salz, Pfeffer, Muskat, Majoran und Paprikapulver abschmecken. Die restliche Petersilie ebenfalls zur Hackfleischmasse geben und alles gut durchkneten.

5. Aus der Hackfleischmasse handflächengroße Pflanzerl formen und in dem restlichen erhitzten Butterschmalz schön braun braten. Die Fleischpflanzerl mit dem Kartoffelsalat auf Tellern anrichten und servieren.

Zutaten:
(für 4 Personen)

ca. 800 g Hirschgulaschstücke (von Schulter oder Keule)
375 ml Rotwein
2 Zwiebeln
1 Möhre
1 kleine Sellerieknolle
40 g Butterschmalz
1 EL Tomatenmark
Salz, Pfeffer
geriebene Muskatnuss
½ Bund Petersilie
1 Rosmarinzweig
2 Thymianzweige
1 Lorbeerblatt
5–6 Wacholderbeeren
4 EL Preiselbeeren
2 Birnen
2 EL Kartoffelstärke
8 altbackene Semmeln
20 g Butter
½ l warme Milch
3 Eier
⅛ l geschlagene Sahne

Zubereitung:

1. Die Möhre und den Sellerie putzen, waschen und würfeln. Eine Zwiebel schälen und in Ringe schneiden. Alles in eine Schüssel geben, die Kräuter und Gewürze hinzufügen und mit dem Rotwein und der gleichen Menge Wasser begießen und beiseite stellen.

2. Die Fleischstücke in dem erhitzen Butterschmalz von allen Seiten kräftig anbraten. Das Tomatenmark dazugeben, kurz mit anrösten und mit der vorbereiteten Beize ablöschen. Mit 2 EL Preiselbeeren und so viel Wasser auffüllen, dass das Fleisch knapp bedeckt ist. Das Ganze ca. 1 ½ Stunden langsam schmoren.

3. Die Semmeln in Würfel schneiden und in eine Schüssel geben. Die Zwiebel schälen, fein würfeln und in der Butter anschwitzen. Die Petersilie waschen, trockenschütteln und fein hacken. Alles zusammen mit der Milch und den Eiern zu den Semmeln geben, mit Salz, Pfeffer sowie Muskat abschmecken und ca. 15 Minuten ruhen lassen.

4. Den Knödelteig halbieren und jeweils auf zwei große Stücke Klarsichtfolie geben. Diese zu Rollen formen und in zwei Stoffservietten oder Alufolie einrollen. In reichlich siedendem Salzwasser in 20 Minuten gar ziehen lassen.

5. Die Fleischstücke nach Ablauf der Garzeit herausnehmen und in einen neuen Topf geben. Die Soße durch ein Sieb darüber passieren und nochmals abschmecken. Die Stärke mit etwas kaltem Wasser anrühren und die Soße damit binden.

6. Vor dem Anrichten die Birnen waschen, halbieren, das Kerngehäuse entfernen und die Birnen mit Preiselbeeren füllen. Die Serviettenknödel auspacken, in Scheiben schneiden und mit dem Hirschragout und der Soße servieren. Jeweils einen Klecks Sahne darüber geben.

Besonders aromatisch wird das Ragout, wenn Sie die Fleischstücke vorher zugedeckt 1–2 Tage in der Beize liegen lassen.

Hirschragout mit Serviettenknödeln

Chiemsee-Renke mit Kräuterkartoffeln

Zubereitung:

1. Die Kartoffeln schälen, waschen, halbieren oder vierteln und zusammen mit 4 Esslöffeln Öl auf ein Backblech geben. Im vorgeheizten Backofen bei 180° C, Heißluft 160° C, Gas Stufe 2 ca. 30 Minuten backen.

2. Die Renken waschen und trockentupfen. Von innen und außen mit Zitronensaft, Salz und Pfeffer einreiben. Je ein bis zwei Stängel Petersilie in die Renken legen.

3. Das Mehl auf eine Platte geben und die Renken rundherum damit bestäuben, überschüssiges Mehl abklopfen und die Fische beiseite legen.

4. In einer Pfanne das restliche Öl mit 80 g Butter erhitzen und die Renken von beiden Seiten insgesamt ca. 5 bis 6 Minuten braten.

5. Die restliche Butter in einem Topf schmelzen. Die Kräuter waschen, trockenschütteln, fein hacken und zur Butter geben. Die Renken mit den Kartoffeln auf Tellern anrichten und mit der zerlassenen Kräuterbutter übergießen.

Zutaten:

(für 4 Personen)

4 küchenfertige Renken
120 g Butter
6 EL Pflanzenöl
150 g Mehl
Salz, Pfeffer
Saft einer Zitrone
½ Bund glatte Petersilie
1 kg Kartoffeln
1 Bund gemischte Kräuter (Schnittlauch, Dill, Thymian, Rosmarin)

Sie können auch die Butter weglassen und nur die gehackten Kräuter über die Kartoffeln streuen.

Zutaten:
(für 4 Personen)

ca. 1 kg Schweinebrustspitze
1 Zwiebel
3 Möhren
2 kleine Sellerieknollen
Salz, Pfeffer
2 TL Kümmel
1 Lorbeerblatt
1 kg Kartoffeln
½ l Gemüsebrühe

Zubereitung:

1. Die Möhren und den Sellerie putzen, waschen und in Würfel schneiden. Die Zwiebel schälen und fein würfeln. 100 g von dem Wurzelgemüse abwiegen und für die Kartoffeln beiseite stellen.

2. In einem großen Topf reichlich Salzwasser zum Kochen bringen und die Schweinebrust darin zunächst 30 Minuten garen. Danach das übrige Wurzelgemüse, das Lorbeerblatt, den Kümmel sowie Salz und Pfeffer dazugeben und für weitere 30 bis 45 Minuten weiterkochen.

3. Die Kartoffeln schälen, waschen und in daumengroße Stücke schneiden. Die Gemüsebrühe zum Kochen bringen und die Kartoffeln sowie das beiseite gestellte Wurzelgemüse in 30 bis 45 Minuten bei mittlerer Hitze garen.

4. Das Fleisch in Scheiben schneiden, nochmals leicht salzen und pfeffern und auf Teller geben. Die Bouillonkartoffeln mit etwas Brühe dazu anrichten.

Mit frisch geriebenem Kren garniert ist dieses Gericht ein Traum.

Schweinebrustspitze mit Bouillonkartoffeln

Wer mag, kann noch Kresse zum Kartoffelsalat geben, dann wird er besonders würzig.

Münchner Schnitzel mit Kartoffel-Gurken-Salat

Zutaten:
(für 4 Personen)

8 kleine Schweineschnitzel (vom Rücken)
4 EL süßer Senf
Salz, Pfeffer
50 g Mehl
100 g Semmelbrösel
2 Eier
100 g Butterschmalz
1 kg Salatkartoffeln
1 Zwiebel
¼ l Gemüsebrühe
½ Salatgurke
Cocktailtomaten
½ Bund Petersilie
Essig, Pflanzenöl

Zubereitung:

1. Die Kartoffeln in der Schale kochen, pellen und noch warm in Scheiben schneiden. Die Gurke schälen, vierteln und in Scheiben geschnitten zu den Kartoffeln geben. Die Zwiebel schälen und fein würfeln. Die Petersilie waschen, trockenschütteln und fein hacken.

2. Aus der warmen Gemüsebrühe, Salz, Pfeffer, Essig und Öl sowie der Zwiebel und der Petersilie eine Vinaigrette rühren und über den Salat geben. Alles vermischen und gut durchziehen lassen. Mit Gurkenscheiben und Tomaten garnieren.

3. Die Schnitzel von beiden Seiten mit Salz und Pfeffer würzen und mit dem süßen Senf bestreichen. Die Eier in einem Teller verquirlen, das Mehl und die Semmelbrösel ebenfalls auf Teller geben. Die Schnitzel nacheinander in Mehl wenden, durch die Eier ziehen und mit Semmelbröseln panieren.

4. Das Butterschmalz in einer Pfanne erhitzen und die Schnitzel nacheinander darin auf jeder Seite 4 bis 5 Minuten goldbraun braten. Herausnehmen, auf Küchenpapier abtropfen lassen und im Backofen warm stellen.

5. Die Schnitzel auf Teller geben und mit dem Kartoffel-Gurken-Salat servieren

Zubereitung:

1. Die Fischfilets waschen und trockentupfen. Von innen und außen mit Zitronensaft, Salz, Pfeffer und Thymianblättchen einreiben. Danach leicht mit Mehl bestäuben und beiseite stellen.

2. Den Sellerie, die Möhre und den Lauch putzen, waschen und in feine Streifen schneiden. 20 g Butter in einem Topf erhitzen und die Gemüsestreifen darin andünsten, mit der süßen Sahne aufgießen und etwas einköcheln lassen. Mit Salz und Pfeffer abschmecken.

3. Die restliche Butter mit dem Öl in einer Pfanne erhitzen und die Fischfilets zuerst auf der Hautseite 2 bis 3 Minuten anbraten, auf die Fleischseite wenden und weitere 2 bis 3 Minuten am Herdrand ziehen lassen. Danach auf einen Teller geben und warm stellen.

4. Die Gemüsesoße auf Teller verteilen, die Fischfilets darauf legen und servieren.

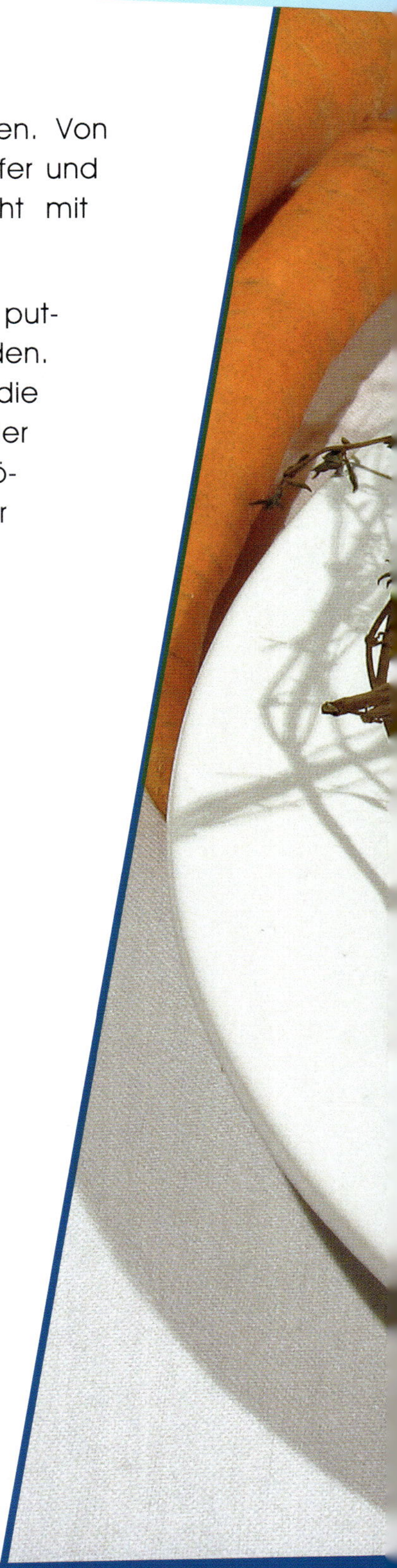

Zutaten:
(für 4 Personen)

4 Bachsaiblinge, filetiert
(ersatzweise Forellenfilets)
1 Möhre
½ Sellerieknolle
1 Stange Lauch
Salz, Pfeffer
Saft einer Zitrone
1–2 Zweige frischer Thymian
20 g Mehl
50 g Butter
2 EL Öl
⅛ l süße Sahne

Besonders gut schmecken dazu Kräuterkartoffeln (Rezept siehe S. 49).

Bachsaibling auf Wurzelgemüse

Krustenbraten mit Kartoffelknödeln

Zutaten:

(für 4 Personen)

ca. 1,2–1,5 kg Schweineschulter mit Schwarte
2 Möhren
1 Sellerieknolle
2 Zwiebeln
1 Knoblauchzehe
Salz, Pfeffer
geriebene Muskatnuss
2 TL Kümmel
500 g rohe mehlige Kartoffeln
500 g gekochte mehlige Kartoffeln
1 Semmel
40 g Butter
2 Eier

Zubereitung:

1. Die Schwarte der Schweineschulter mit einem scharfen Messer rautenförmig einschneiden. Mit Salz, Pfeffer und Kümmel einreiben.

2. Die Möhren und den Sellerie putzen, waschen und würfeln. Die Zwiebeln mit Schale grob zerteilen. Die Knoblauchzehe schälen und hacken. Alles zusammen in eine Bratenreine geben, die Schweineschulter darauf legen und mit ½ l Wasser aufgießen.

3. Im vorgeheizten Backofen bei 200° C, Heißluft 180° C, Gas Stufe 3 ca. 1 Stunde braten. Danach die Hitze auf 180° C, Heißluft 160° C, Gas Stufe 2 reduzieren und noch einmal 1 bis 1 ½ Stunden fertig garen. Den Braten herausnehmen, auf den Rost legen und bei 250° C und offener Backofentür 5 bis 10 Minuten knusprig bräunen.

4. Den Bratensatz in der Reine mit etwas Wasser lösen, alles durch ein Sieb passieren, nochmals abschmecken und etwas einkochen lassen.

5. In der Zwischenzeit die gekochten Kartoffeln pellen und reiben. Die rohen Kartoffeln schälen, waschen, ebenfalls reiben und gut ausdrücken. Beides zusammen mit den Eiern in eine Schüssel geben und mit Salz, Pfeffer sowie Muskat abschmecken.

6. Die Semmel in kleine Würfel schneiden und mit der Butter in einer Pfanne kross anrösten. Aus dem Teig mit feuchten Händen Knödel formen, dabei jeweils einige Semmelwürfel in die Mitte geben. Die Knödel in reichlich siedendem Salzwasser ca. 20 Minuten gar ziehen lassen.

7. Den Krustenbraten zusammen mit Knödeln und Soße auf Tellern anrichten und servieren.

Am besten bei allen Knödelrezepten immer einen Probeknödel machen. Sollte der Kartoffelknödel zu weich sein, gibt man noch etwas Mehl oder Kartoffelstärke in den Teig.

Zutaten:
(für 4 Personen)

1 Ente (ca. 2 ½ kg)
2 Möhren
1 Sellerieknolle
3 Zwiebeln
1 Apfel
Salz, Pfeffer
1 TL Paprikapulver
geriebene Muskatnuss
1 Msp. gemahlene Nelken
1 Zweig Rosmarin
1–2 Zweige Thymian
5–6 Wacholderbeeren
1 Lorbeerblatt
⅛ l Rotwein
800 g Rosenkohl
20 g Butter
2 Birnen
4 EL Preiselbeeren

Zubereitung:

1. Die Möhren und den Sellerie putzen, waschen und würfeln. Zwei Zwiebeln mit der Schale grob zerteilen und alles in eine Bratenreine geben. Ebenso die Wacholderbeeren und das Lorbeerblatt. Von der Ente die Flügel, den Hals und lose Hautlappen abschneiden.

2. Die vorbereitete Ente gut auswaschen, abtrocknen und mit Salz, Pfeffer sowie Paprikapulver innen und außen einreiben. Den Apfel waschen, vierteln und zusammen mit Rosmarin und Thymian in die Ente füllen.

3. Die Ente auf das Wurzelgemüse legen, mit ½ l Wasser auffüllen und im vorgeheizten Backofen bei 200° C, Heißluft 180° C, Gas Stufe 3 ca. 1 ½ Stunden braten. Zwischendurch immer wieder mit Bratensaft und Rotwein übergießen.

4. In der Zwischenzeit den Rosenkohl putzen, waschen und in Salzwasser 5 bis 8 Minuten kochen lassen. Danach in kaltem Wasser abschrecken, so behält der Kohl seine schöne grüne Farbe. Die Zwiebel schälen und fein würfeln, in der erhitzten Butter anschwitzen, den Rosenkohl dazugeben und mit Salz, Pfeffer, Muskat und Nelken würzen.

5. Nach Ablauf der Garzeit die Ente aus der Reine nehmen, auf den Rost legen und bei 250° C und offener Backofentür knusprig braten. Den Bratensatz in der Reine mit etwas Wasser lösen, alles durch ein Sieb passieren, nochmals abschmecken und etwas einkochen lassen.

6. Die Birnen waschen, halbieren, das Kerngehäuse entfernen und die Birnen mit Preiselbeeren füllen. Die Ente in Brust und Keulen teilen, mit den Preiselbeerbirnen auf Tellern anrichten und mit Rosenkohl und Soße servieren.

Dazu Kartoffelknödel und zur Abwechslung auch Blaukraut.

Bauernente mit Rosenkohl

Gekochtes Ochsenfleisch mit Krensoße

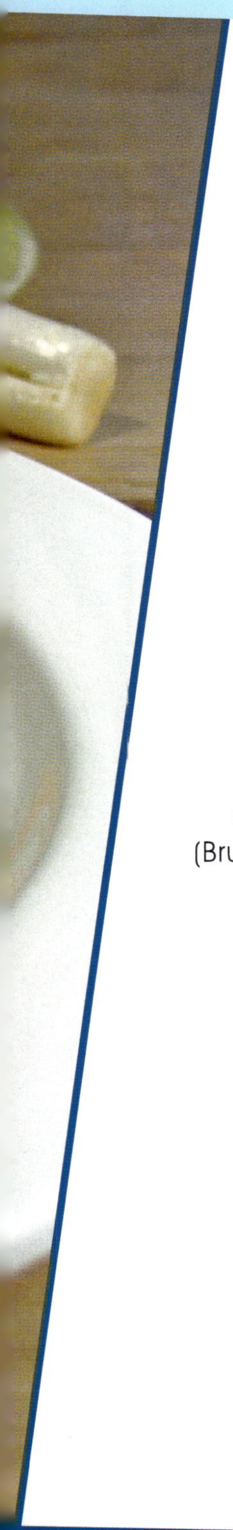

Zutaten:
(für 4 Personen)

ca. 1 kg Ochsenfleisch
(Brust oder flache Schulter)
3 Zwiebeln
2 Möhren
1 Sellerieknolle
1 Stange Lauch
Salz, Pfeffer
geriebene Muskatnuss
etwas Zitronensaft
1 Lorbeerblatt
2 TL Kümmel
5–6 Wacholderbeeren
40 g Butter
40 g Mehl
½ l Rinderbrühe
⅛ l süße Sahne
4 EL geriebener Kren
1 Bund Petersilie

Zubereitung:

1. Die Möhren, den Sellerie sowie den Lauch putzen und waschen. Möhren und Sellerie in Würfel, den Lauch in grobe Ringe schneiden. Die Zwiebeln schälen und fein würfeln.

2. In einem großen Topf reichlich Salzwasser zum Kochen bringen und das Ochsenfleisch darin zunächst 60 Minuten garen. Danach das Wurzelgemüse, ca. ⅔ der Zwiebeln, das Lorbeerblatt, den Kümmel, die Wacholderbeeren sowie Salz und Pfeffer dazugeben und 60 Minuten weiterkochen.

3. Die Butter in einem Topf erhitzen und die restlichen Zwiebelwürfel darin anschwitzen, mit Mehl bestäuben und mit der Brühe sowie der Sahne aufgießen. Bei milder Hitze ca. 10 Minuten unter Rühren köcheln lassen.

4. Erst zum Schluss den Kren unterrühren und die Soße mit Salz, Pfeffer, Muskat und einem Spritzer Zitronensaft abschmecken.

5. Die Petersilie waschen, trockenschütteln und fein hacken. Das Fleisch aus dem Sud nehmen, in Scheiben schneiden und auf Tellern anrichten. Leicht mit der Soße überziehen und mit Petersilie bestreuen. Wer mag, kann noch einige Stücke Gemüse dazulegen. Besonders gut passen dazu Bratkartoffeln.

Fleisch immer gegen die Faser schneiden, damit es beim Essen nicht faserig und zäh ist. Vor dem Servieren noch ein wenig Kren frisch über das Gericht reiben.

Zubereitung:

1. Das kalte, gekochte Rindfleisch in fingerdicke Scheiben schneiden, in Mehl wenden und beiseite stellen. Die Hälfte des Butterschmalzes in einer Pfanne erhitzen und die Fleischscheiben von beiden Seiten kräftig darin anbraten. Aus der Pfanne nehmen und warm stellen.

2. Die Zwiebeln schälen und in Streifen schneiden, in der gleichen Pfanne gut anbraten, mit der Bratensoße ablöschen und etwas einköcheln lassen. Das Fleisch in die Soße geben, mit Salz, Pfeffer sowie Majoran abschmecken und darin ziehen lassen.

3. Die kalten Knödelrollen in Scheiben schneiden, das restliche Butterschmalz erhitzen und die Knödelscheiben auf beiden Seiten goldbraun anbraten. Mit etwas Salz und Pfeffer würzen.

4. Die Petersilie waschen, trockenschütteln und fein hacken. Die Fleischscheiben zusammen mit den gebratenen Knödeln auf Tellern anrichten, die Zwiebelsoße dazugeben und mit Petersilie bestreut servieren.

Zutaten:
(für 4 Personen)

600 g gekochtes Rindfleisch vom Vortag
4 Zwiebeln
1 EL Mehl
80 g Butterschmalz
½ l Bratensoße
Salz, Pfeffer
1 TL Majoran
1 Bund Petersilie
2 Serviettenknödel vom Vortag

Zwiebelfleisch mit gebratenen Knödeln

Premium

Schweinemedaillons in dunkler Biersoße

Zutaten:
(für 4 Personen)

8 Medaillons aus dem Filet
8 dünne Scheiben Wammerl
Salz, Pfeffer
etwas Mehl
3 EL Pflanzenöl
1 Zwiebel
1 Knoblauchzehe
20 g Butter
¼ l Bratensoße
¼ l dunkles Bier
1 TL Kümmel

Zubereitung:

1. Die Medaillons leicht platt klopfen, mit Salz sowie Pfeffer würzen und mit den Wammerlscheiben umwickeln. Danach leicht in Mehl wenden.

2. Das Öl in einer Pfanne erhitzen und die Medaillons jeweils einige Minuten von beiden Seiten anbraten und warm stellen.

3. Die Zwiebel und die Knoblauchzehe schälen und in Würfel schneiden. Die Butter in der gleichen Pfanne zergehen lassen und Zwiebel sowie Knoblauch darin glasig anschwitzen. Den Kümmel dazugeben, mit dem Bier ablöschen und mit der Bratensoße auffüllen. Einige Minuten einköcheln lassen.

4. Die Soße durch ein Sieb passieren, noch einmal abschmecken und mit den Medaillons anrichten. Dazu passen Gemüse der Saison und Fingernudeln.

Zutaten:
(für 4 Personen)

2 gepökelte (gesurte) Schweinshax'n
600 g Sauerkraut
½ l Wasser oder Brühe von den Hax'n
20 g Butterschmalz
1 Zwiebel
2 Lorbeerblätter
8–9 Wacholderbeeren
3 TL Kümmel
etwas Salz
2 rohe Kartoffeln

Zubereitung:

1. Die gesurten Schweinshax'n in reichlich kochendem Wasser mit einem Lorbeerblatt, 1 TL Kümmel, 3 Wacholderbeeren und etwas Salz ca. 2 bis 2 ½ Stunden langsam weich kochen.

2. Die Zwiebel schälen und fein würfeln. Das Butterschmalz erhitzen und die Zwiebelwürfel darin anschwitzen. Das Sauerkraut, ein Lorbeerblatt, die übrigen Wacholderbeeren sowie den restlichen Kümmel dazugeben und mit Wasser oder Brühe aufgießen. Das Kraut ca. 45 Minuten köcheln lassen, dabei ab und zu umrühren und eventuell mit etwas Wasser aufgießen.

3. Die Kartoffeln schälen, fein reiben und in das Kraut zum Abbinden geben.

4. Die fertig gegarten Hax'n halbieren oder in Scheiben auf dem Sauerkraut anrichten. Dazu können Kartoffelpüree, Kartoffelknödel, Bratkartoffeln oder auch nur frisches Bauernbrot gereicht werden.

Ein bis zwei Esslöffel Apfelmus runden das Sauerkraut geschmacklich sehr gut ab.

Surhax'l auf Sauerkraut

Kalbsgulasch mit Semmelknödelauflauf

Zubereitung:

1. Die Zwiebeln und den Knoblauch schälen und fein würfeln. In einem großen Topf das Butterschmalz erhitzen und beides darin anschwitzen.

2. Das Fleisch dazugeben, kurz anbraten, das Tomatenmark hinzufügen und kurz mit anrösten. Mit Salz, Pfeffer, Paprikapulver, Lorbeerblatt, Majoran sowie Zitronenschale würzen, mit dem Weißwein und etwas Wasser ablöschen und zugedeckt ca. 1 bis 1 ½ Stunden langsam schmoren lassen.

3. Die Semmeln in kleine Würfel schneiden und in eine Schüssel geben. Die warme Milch darüber gießen. Die Eier trennen und die Eigelbe mit der Butter, Salz, Pfeffer und Muskat schaumig schlagen. Die Petersilie waschen, trockenschütteln und fein hacken, die Hälfte davon beiseite stellen. Den Rest zusammen mit dem Eierschaum zu den Semmelwürfeln geben.

4. Das Eiweiß mit einer Prise Salz zu steifem Schnee schlagen und vorsichtig unter den Knödelteig heben.

5. Feuerfeste Förmchen oder Kaffeetassen gut mit Butter ausfetten und mit dem Knödelteig befüllen. Die Förmchen in eine Bratenreine stellen, gerade so viel Wasser hineingießen, dass die Förmchen zu ⅔ davon umgeben sind. Im vorgeheizten Backofen bei 200° C, Heißluft 180° C, Gas Stufe 2–3 ca. 30 Minuten im Wasserbad garen.

6. Das Fleisch nach Ablauf der Garzeit nochmals abschmecken, die Sahne dazugeben, mit dem Knödelauflauf und Soße auf Tellern anrichten. Zum Schluss den Rest gehackte Petersilie darüber streuen.

Zutaten:

(für 4 Personen)

- 800 g Kalbfleischwürfel (Schulter oder Hals)
- 50 g Butterschmalz
- 4 Zwiebeln
- 2 Knoblauchzehen
- ¼ l Weißwein
- ¼ l süße Sahne
- 1 EL Tomatenmark
- Salz, Pfeffer
- geriebene Muskatnuss
- 1 TL Paprikapulver
- 1 Lorbeerblatt
- 1 TL Majoran
- etwas abgeriebene Zitronenschale
- 6 altbackene Semmeln
- ¼ l warme Milch
- 3 Eier
- 20 g weiche Butter
- 1 Bund Petersilie

Zutaten:
(für 8–10 Stück)

500 g Mehl
¼ l Milch
20 g Hefe
50 g Zucker
60 g weiche Butter
2 Eier
1 Eigelb
1 Prise Salz
etwas Zitronenschale
Fett zum Ausbacken

Zubereitung:

1. Aus der handwarmen Milch, einer Prise Zucker und der Hefe einen Vorteig anrühren und 10 Minuten gehen lassen.

2. Das Mehl, die Eier, das Eigelb, die Butter, das Salz, den restlichen Zucker und die Zitronenschale in eine Schüssel geben, den Vorteig hinzufügen und alles zu einem Teig kneten. Nochmals 10 Minuten gehen lassen.

3. Den Teig in ca. 50 g schwere Teile abstechen, diese auf der Arbeitsfläche wie eine Semmel formen, auf ein Backbrett legen und zugedeckt erneut 10 Minuten gehen lassen.

4. Mit gefetteten Fingern die Teigportionen „ausziehen", so dass ein dicker Rand mit einer dünnen Mitte entsteht.

5. Das Fett in einem Topf oder der Fritteuse auf 180° C erhitzen und die Nudeln schwimmend goldbraun ausbacken. Einmal wenden, ohne dass Fett in die Mitte läuft, diese soll hell bleiben.

6. Das Gebäck aus dem Fett nehmen, auf Küchenpapier abtropfen lassen und mit Zucker oder Puderzucker bestreuen.

Kirchweihnudeln – Auszog'ne

Zwetschgenbavesen

Zubereitung:

1. Die Kruste der Semmeln etwas abreiben und die Semmeln danach in ca. 1 cm breite Scheiben schneiden.

2. Die Brotscheiben mit Zwetschgenmus bestreichen und immer zwei Scheiben mit der bestrichenen Seite aufeinander legen.

3. Aus dem Mehl, der Milch, einem Eigelb, Zitronenschale und einer Prise Salz einen glatten Teig rühren. Das Eiweiß mit einer Prise Salz steif schlagen und unter den Teig ziehen.

4. Die Semmelscheiben von beiden Seiten einige Minuten in den Teig legen. In der Zwischenzeit das Butterschmalz in einer Pfanne erhitzen und die Bavesen darin auf beiden Seiten goldbraun ausbacken.

5. Zum Schluss auf Küchenpapier abtropfen lassen, mit Zimtzucker bestreuen und servieren.

Zutaten:
(für 4 Personen)

6 Semmeln vom Vortag
1 Glas Zwetschgenmus
¼ l Milch
1 Ei
40 g Mehl
1 Prise Salz
etwas abgeriebene Zitronenschale
50 g Butterschmalz
Zimtzucker

Man kann anstelle der Semmeln auch Weiß- oder Toastbrotscheiben nehmen, diese mit Zwetschgenmus füllen und diagonal durchschneiden.

Zubereitung:

1. Die Kartoffeln schälen, waschen und reiben. Danach etwas ausdrücken und in eine Schüssel geben.

2. Die Zwiebel schälen und fein würfeln. Zusammen mit dem Mehl, den Eiern, Salz, Pfeffer und Muskat zu den Kartoffeln geben. Alles gut miteinander vermischen.

3. Das Butterschmalz in einer großen Pfanne erhitzen. Jeweils pro Reiberdatschi 2 bis 3 Esslöffel Teig in die Pfanne geben, etwas flach drücken und von beiden Seiten knusprig goldbraun backen. Aus der Pfanne nehmen und warm stellen. Den Teig auf diese Weise nacheinander aufbrauchen.

4. Für das Apfelmus die Äpfel schälen, vierteln, entkernen und klein schneiden. Mit dem Zucker und ca. ¼ l Wasser in einen Topf geben, die Zitronenschale sowie die Zimtstange hinzufügen und alles in ca. 10 bis 15 Minuten weich kochen. Danach Zitronenschale und Zimtstange herausnehmen und das weiche Mus durch ein Sieb streichen.

5. Vor dem Servieren die Reiberdatschi mit Zucker bestreuen und das Apfelmus getrennt dazu reichen.

Zutaten:
(für 4 Personen)

1 kg Kartoffeln
3 EL Mehl
2 Eier
Salz, Pfeffer
geriebene Muskatnuss
1 kleine Zwiebel
50 g Butterschmalz
4 Äpfel
50 g Zucker
etwas Zitronenschale am Stück
1 Zimtstange

Wer es lieber herzhaft mag, kann auch Sauerkraut zu den Reiberdatschi essen.

Reiberdatschi mit frischem Apfelmus

Süße Schmankerln

Almnuss'n

Zubereitung:

1. Die Butter mit dem Zucker einige Minuten mit den Schneebesen des Handrührgerätes schaumig schlagen.
2. Die Eier, den Sauerrahm und den Vanillezucker unterrühren.
3. Das Mehl mit dem Backpulver vermischen und zusammen mit den Mandeln, dem Bittermandelaroma, Zitronensaft, Muskat, Salz und Kardamom zur Eiermasse geben. Alles zügig zu einem glatten Teig rühren und diesen 15 Minuten ruhen lassen.
4. Das Fett in einem Topf oder der Fritteuse auf 180° C erhitzen. Mit zwei Esslöffeln den Teig in Nocken abstechen und in dem heißen Fett von allen Seiten goldgelb ausbacken.
5. Das Gebäck auf Küchenpapier abtropfen lassen und mit Puderzucker bestäuben.

Zutaten:
(für 4 Personen)

40 g weiche Butter
50 g Zucker
1 Päckchen Vanillezucker
2 Eier
250 g Mehl
1 Päckchen Backpulver
40 g gehackte Mandeln
¼ l Sauerrahm
einige Tropfen Bittermandelaroma
etwas Zitronensaft
geriebene Muskatnuss
1 Prise Salz
½ TL Kardamom
Fett zum Ausbacken
Puderzucker zum Bestäuben

Am besten schmecken die Almnuss'n mit einem Haferl Kaffee.

Zutaten:
(für 6 Personen)

¼ l Milch
2 Eigelb
60 g Zucker
½ Vanilleschote
4 Blatt Gelatine
¼ l süße Sahne
1 Glas Kirschen
2 EL Speisestärke
Zucker
Zimt

Zubereitung:

1. Die Eigelbe, den Zucker und die warme Milch in einer Schüssel über Wasserdampf aufschlagen, bis eine dickliche Creme entsteht (ca. 5–8 Minuten). Die Vanilleschote aufschneiden, das Mark herauskratzen und zur Creme geben.

2. Die Gelatine in kaltem Wasser einweichen, ausdrücken, nach und nach in die warme Creme geben und unter Rühren darin lösen.

3. Die Creme auf einem kalten Wasserbad (wenn möglich, mit Eiswürfeln) wieder kalt schlagen. Dabei zieht die Gelatine mit an.

4. Die Kirschen durch ein Sieb gießen, den Saft in einem Topf auffangen und zum Kochen bringen. Die Speisestärke mit etwas kaltem Wasser anrühren, zum Kirschsaft geben und diesen binden. Mit etwas Zucker und Zimt abschmecken, die Kirschen dazugeben, unterheben und abkühlen lassen.

5. Die Sahne steif schlagen und unter die kalte, feste Creme heben. Danach in Gläser oder eine Schale füllen und weitere 3 bis 4 Stunden kalt stellen. Vor dem Servieren mit den Kirschen anrichten.

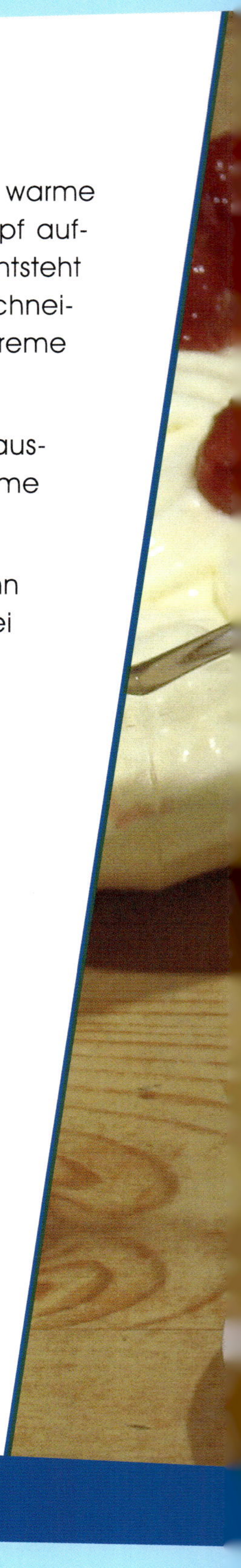

Diese Creme lässt sich sehr gut bereits am Vortag zubereiten.

Bayrisch Creme mit Kirschen

Grießschnitten mit Himbeersoße

Zutaten:
(für 4 Personen)

1 l Milch
180 g Hartweizengrieß
1 Prise Salz
etwas abgeriebene Zitronenschale
1 Ei
50 g Butterschmalz
Zimtzucker
250 g frische oder TK-Himbeeren
100 g Puderzucker
⅛ l Orangensaft
1 EL Speisestärke
etwas süße Sahne

Zubereitung:

1. Die Milch mit dem Salz und der Zitronenschale aufkochen. Den Grieß langsam einrieseln lassen und zu einem dicken Brei kochen.

2. Den Grießbrei in eine gebutterte Auflaufform oder auf ein gefettetes Backblech streichen und erkalten lassen.

3. Nach dem Erkalten den Grießbrei auf ein Brett stürzen und in fingerdicke Scheiben schneiden. Das Butterschmalz in einer Pfanne erhitzen. Das Ei verquirlen, die Grießschnitten durchziehen und in dem heißen Fett von beiden Seiten goldbraun braten.

4. Die Himbeeren mit Puderzucker und Orangensaft ca. 10 Minuten köcheln lassen, danach durch ein Sieb streichen. Die Speisestärke mit etwas kaltem Wasser anrühren und die Soße damit leicht binden.

5. Die Himbeersoße in Klecksen auf die Teller geben, jeweils etwas Sahne in die Mitte gießen und mithilfe eines Holzstäbchens verzieren. Die Grießschnitten mit anrichten und mit Zimtzucker bestreut servieren.

Mit verschiedenen Fruchtsoßen lässt sich dieses Gericht immer wieder variieren.

Zutaten:
(für ein Blech)

200 g weiche Butter
120 g Zucker
1 Prise Salz
etwas abgeriebene Zitronenschale
2 Eier
400 g Mehl
1 TL Backpulver
1,3 kg Äpfel
80 g Zimtzucker
60 g Rosinen
200 g Sauerrahm

Für die Streusel:
80 g Zucker
80 g Butter
100 g Mehl
60 g Mandelblättchen

Zubereitung:

1. Die Butter mit dem Zucker, den Eiern, dem Salz und der Zitronenschale mit den Schneebesen des Handrührgerätes schaumig schlagen.

2. Das Mehl mit dem Backpulver mischen, zur Eiermasse sieben, kurz durchkneten und den Teig auf einem gefetteten Backblech verteilen.

3. Die Äpfel schälen, vierteln, entkernen und raspeln. Die Apfelraspel in einem Topf oder einer Pfanne mit etwas Butter kurz andünsten und abkühlen lassen.

4. Den Sauerrahm, die Rosinen und den Zimtzucker zu den erkalteten Äpfeln geben, alles vermischen und gleichmäßig auf dem Teig verteilen.

5. Die Streusel aus Butter, Zucker und Mehl zubereiten und über der Apfel-Rahm-Masse verteilen. Die Mandelblättchen gleichmäßig darüber streuen. Im vorgeheizten Backofen bei 180° C, Heißluft 160° C, Gas Stufe 2 ca. 30 Minuten backen.

Am besten eignen sich zum Backen Boskop oder andere säuerliche Äpfel.

Apfeldatschi vom Blech

Register

Genehmigte Lizenzausgabe
EDITION XXL GmbH
Fränkisch-Crumbach 2005
www.edition-xxl.de

Idee und Projektleitung: Sonja Sammüller
Text und Food-Styling: Günter Schweizer, Marquartstein
Umschlag, Layout und Fotografie: Sonja Sammüller
Illustration: Herbert Pohlner
Satz: Henrik Stürzebecher

ISBN 3-89736-144-2